Impressum
Verlag: BABADADA GmbH, Nedderfeld 112 , 22529 Hamburg
Geschäftsführer / Verlagsleitung: Harald Hof
Druck: Books on Demand GmbH, In de Tarpen 42, 22848 Norderstedt

Imprint
Publisher: BABADADA GmbH, Nedderfeld 112 , 22529 Hamburg, Germany
Managing Director / Publishing direction: Harald Hof
Print: Books on Demand GmbH, In de Tarpen 42, 22848 Norderstedt

dividir
dividieren

186/2

el aula
Klassenzimmer

el pizarrón
Tafel

el maestro
Lehrer

el papel
Papier

escribir
schreiben

la birome
Stift

el escritorio
Schreibtisch

la regla
Lineal

el libro
Buch

el alumno
Schüler

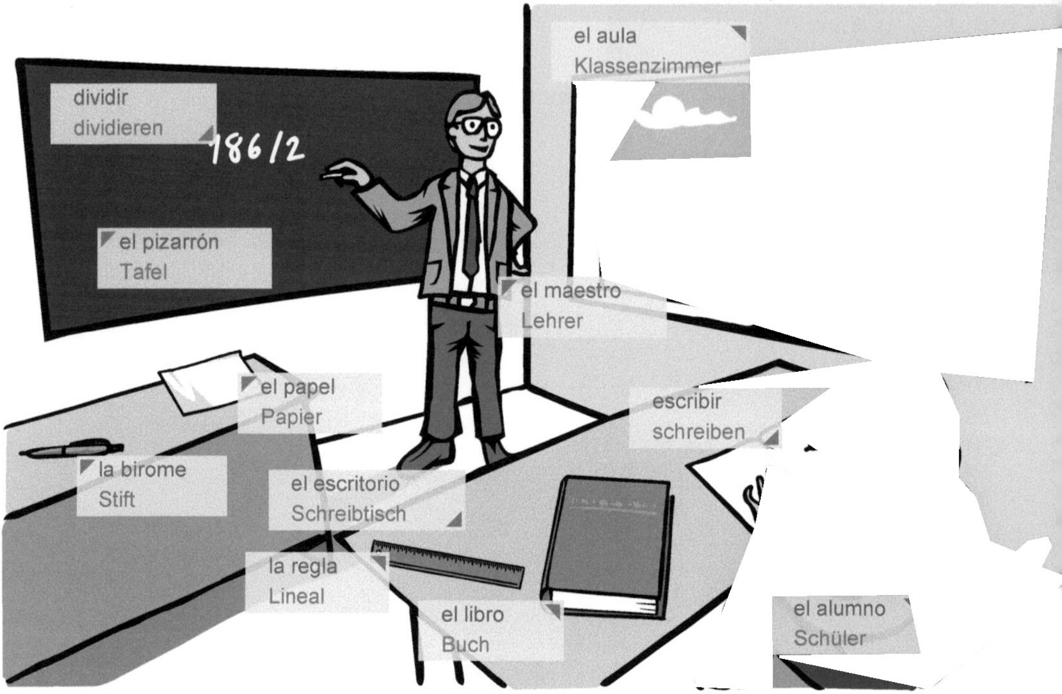

la mochila

Schultasche

la caja de lápices

Federmappe

el lápiz

Bleistift

el sacapuntas

Bleistiftspitzer

la goma (de borrar)

Radierer

el bloc de dibujo

Zeichenblock

el dibujo

Zeichnung

el pincel

Pinsel

la caja de pinturas

Malkasten

la tijera

Schere

el pegamento

Klebstoff

el cuaderno de ejercicios

Übungsheft

la tarea

Hausübung

el número

Zahl

sumar

addieren

restar

subtrahieren

multiplicar

multiplizieren

calcular

rechnen

la letra

Buchstabe

el abecedario

Alphabet

la palabra

Wort

el texto

Text

leer

lesen

la tiza

Kreide

la lección

Unterrichtsstunde

el cuaderno de clase

Klassenbuch

el examen

Prüfung

el certificado

Zeugnis

el uniforme escolar

Schuluniform

la educación

Ausbildung

la enciclopedia

Lexikon

la universidad

Universität

el microscopio

Mikroskop

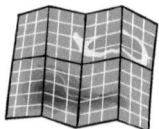

el mapa

Karte

el tacho (de basura)

Papierkorb

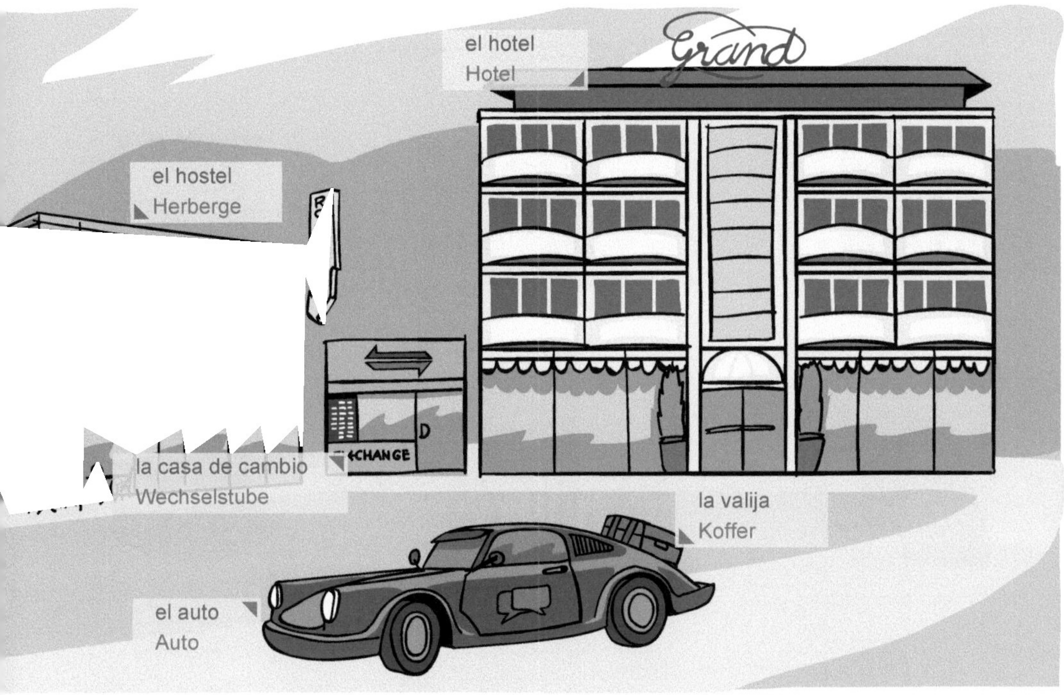

el hotel
Hotel
Grand
el hostel
Herberge
EXCHANGE
la casa de cambio
Wechselstube
la valija
Koffer
el auto
Auto

el idioma

Sprache

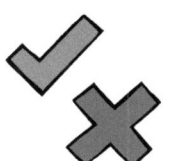

sí / no

ja / nein

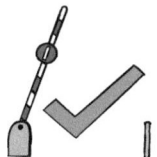

Está bien

Okay

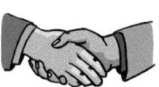

hola

Hallo

el traductor

Dolmetscherin

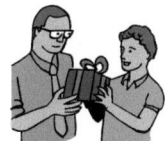

Gracias

Danke

¿cuánto cuesta…?

Wie viel kostet …?

No entiendo

Ich verstehe nicht.

el problema

Problem

¡Buenas tardes!

Guten Abend!

¡Buenos días!

Guten Morgen!

¡Buenas noches!

Gute Nacht!

el adiós

Auf Wiederschaun!

la dirección

Richtung

el equipaje

Gepäck

el bolso

Tasche

la mochila

Rucksack

el invitado

Gast

la habitación

Zimmer

la bolsa de dormir

Schlafsack

la carpa

Zelt

el viaje - Reise

la información turística

Touristeninformation

la playa

Strand

la tarjeta de crédito

Kreditkarte

el desayuno

Frühstück

el almuerzo

Mittagessen

la cena

Abendessen

el pasaje

Fahrkarte

el ascensor

Lift

el sello

Briefmarke

la frontera

Grenze

la aduana

Zoll

la embajada

Botschaft

la visa

Visum

el pasaporte

Pass

Transport

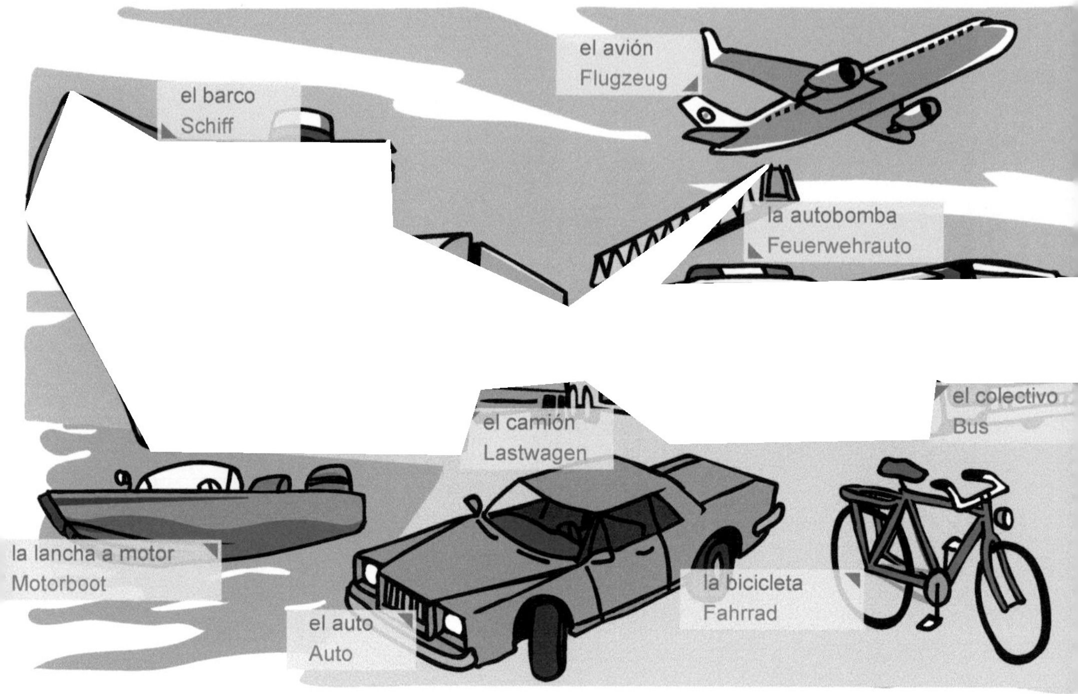
el avión
Flugzeug
el barco
Schiff
la autobomba
Feuerwehrauto
el colectivo
Bus
el camión
Lastwagen
la lancha a motor
Motorboot
la bicicleta
Fahrrad
el auto
Auto

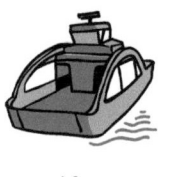

el ferry
Fähre

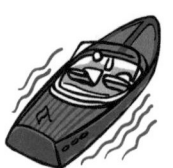

el bote
Boot

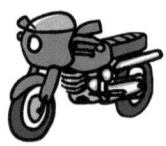

la moto
Motorrad

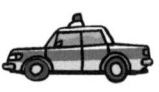

el patrullero
Polizeiauto

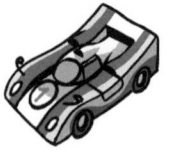

el auto de carreras
Rennauto

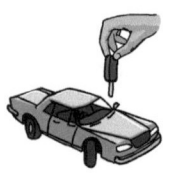

el auto de alquiler
Mietwagen

el alquiler de autos

Carsharing

la grúa

Abschleppwagen

el camión de la basura

Müllwagen

el motor

Motor

la nafta

Kraftstoff

la estación de servicio

Tankstelle

la señal de tránsito

Verkehrsschild

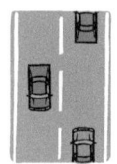

el tránsito

Verkehr

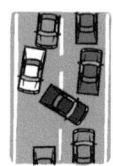

el embotellamiento

Stau

el estacionamiento

Parkplatz

la estación de tren

Bahnhof

las vías

Schienen

el tren

Zug

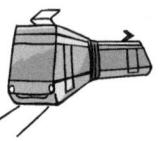

el tranvía

Straßenbahn

el vagón

Wagon

el helicóptero

Hubschrauber

el aeropuerto

Flughafen

la torre

Tower

el pasajero

Passagier

el contenedor

Container

la caja de cartón

Karton

la carretilla

Rollwagen

la canasta

Korb

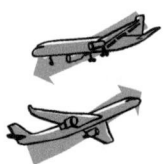

despegar / aterrizar

starten / landen

Stadt

el pueblo

Dorf

el centro de la ciudad

Stadtzentrum

la casa

Haus

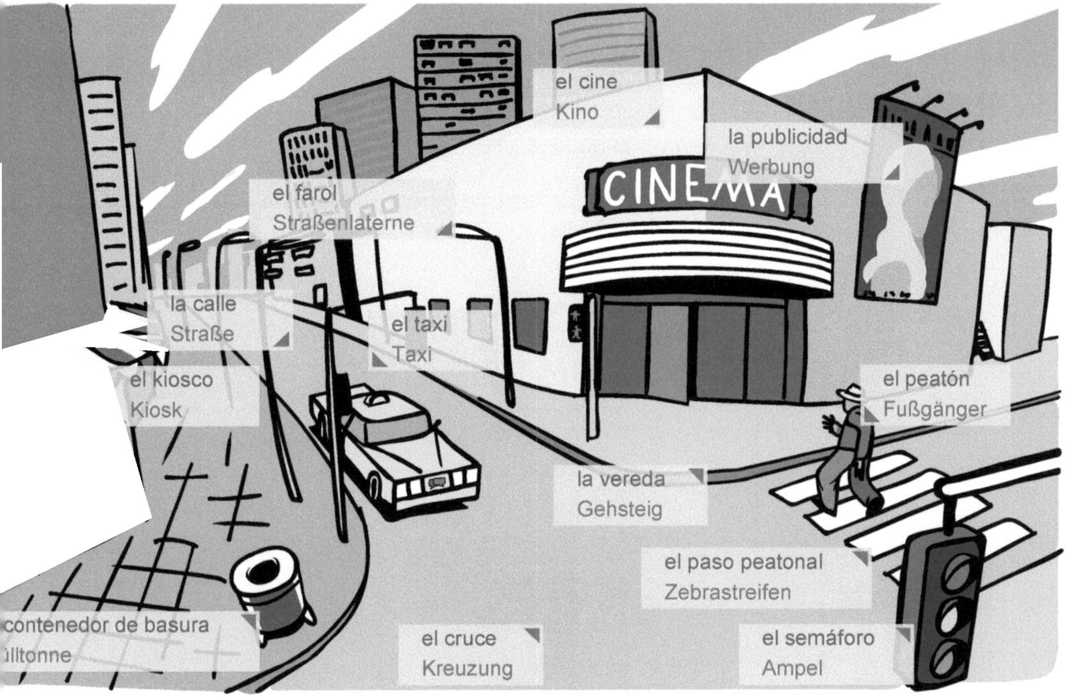

el cine
Kino

la publicidad
Werbung

el farol
Straßenlaterne

CINEMA

la calle
Straße

el taxi
Taxi

el peatón
Fußgänger

el kiosco
Kiosk

la vereda
Gehsteig

el paso peatonal
Zebrastreifen

contenedor de basura
Mülltonne

el cruce
Kreuzung

el semáforo
Ampel

la cabaña

Hütte

el departamento

Wohnung

la estación de tren

Bahnhof

la municipalidad

Rathaus

el museo

Museum

el colegio

Schule

la universidad

Universität

el banco

Bank

el hospital

Spital

el hotel

Hotel

la farmacia

Apotheke

la oficina

Büro

la librería

Buchhandlung

el negocio

Geschäft

la florería

Blumenladen

el supermercado

Supermarkt

el mercado

Markt

las grandes tiendas

Kaufhaus

la pescadería

Fischhändler

el centro comercial

Einkaufszentrum

el puerto

Hafen

el parque

Park

el banco

Bank

el puente

Brücke

las escaleras

Stiege

el subte

U-Bahn

el túnel

Tunnel

la parada del colectivo

Bushaltestelle

el bar

Bar

el restaurante

Restaurant

el buzón

Briefkasten

el letrero

Straßenschild

el parquímetro

Parkuhr

el zoológico

Zoo

la pileta

Badeanstalt

la mezquita

Moschee

la granja

Bauernhof

la contaminación

Umweltverschmutzung

el cementerio

Friedhof

la iglesia

Kirche

los juegos infantiles

Spielplatz

el templo

Tempel

Landschaft

la hoja
Blatt

el poste indicador
Wegweiser

el camino
Weg

la pradera
Wiese

la piedra
Stein

el excursionista
Wanderer

el árbol
Baum

el río
Fluss

la hierba
Gras

la flor
Blume

el paisaje - Landschaft

el valle
Tal

la montaña
Hügel

el lago
See

el bosque
Wald

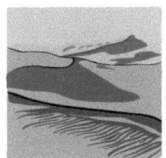

el desierto
Wüste

el volcán
Vulkan

el castillo
Schloss

el arco iris
Regenbogen

el champiñón
Pilz

la palmera
Palme

el mosquito
Moskito

la mosca
Fliege

la hormiga
Ameise

la abeja
Biene

la araña
Spinne

el escarabajo

Käfer

la rana

Frosch

la ardilla

Eichhörnchen

el erizo

Igel

la liebre

Hase

la lechuza

Eule

el pájaro

Vogel

el cisne

Schwan

el jabalí

Wildschwein

el ciervo

Hirsch

el alce

Elch

la presa

Staudamm

el aerogenerador

Windrad

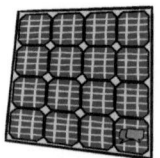

el panel solar

Solarmodul

el clima

Klima

el paisaje - Landschaft

el mozo
Kellner

el menú
Speisekarte

la silla
Sessel

la sopa
Suppe

la pizza
Pizza

los cubiertos
Besteck

el mantel
Tischdecke

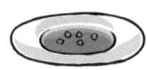

la entrada
Vorspeise

el plato principal
Hauptgericht

el postre
Nachspeise

las bebidas
Getränke

la comida
Essen

la botella
Flasche

el restaurante - Restaurant

la comida rápida

Fastfood

la comida callejera

Streetfood

la tetera

Teekanne

la azucarera

Zuckerdose

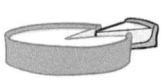

la porción

Portion

la cafetera expreso

Espressomaschine

la sillita alta

Kinderstuhl

la cuenta

Rechnung

la bandeja

Tablett

el cuchillo

Messer

el tenedor

Gabel

la cuchara

Löffel

la cucharita

Teelöffel

la servilleta

Serviette

el vaso

Glas

el restaurante - Restaurant

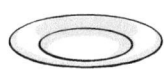

el plato

Teller

el plato hondo

Suppenteller

el plato

Untertasse

la salsa

Sauce

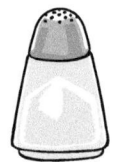

el salero

Salzstreuer

el molinillo de pimienta

Pfeffermühle

el vinagre

Essig

el aceite

Öl

las especias

Gewürze

el kétchup

Ketchup

la mostaza

Senf

la mayonesa

Mayonnaise

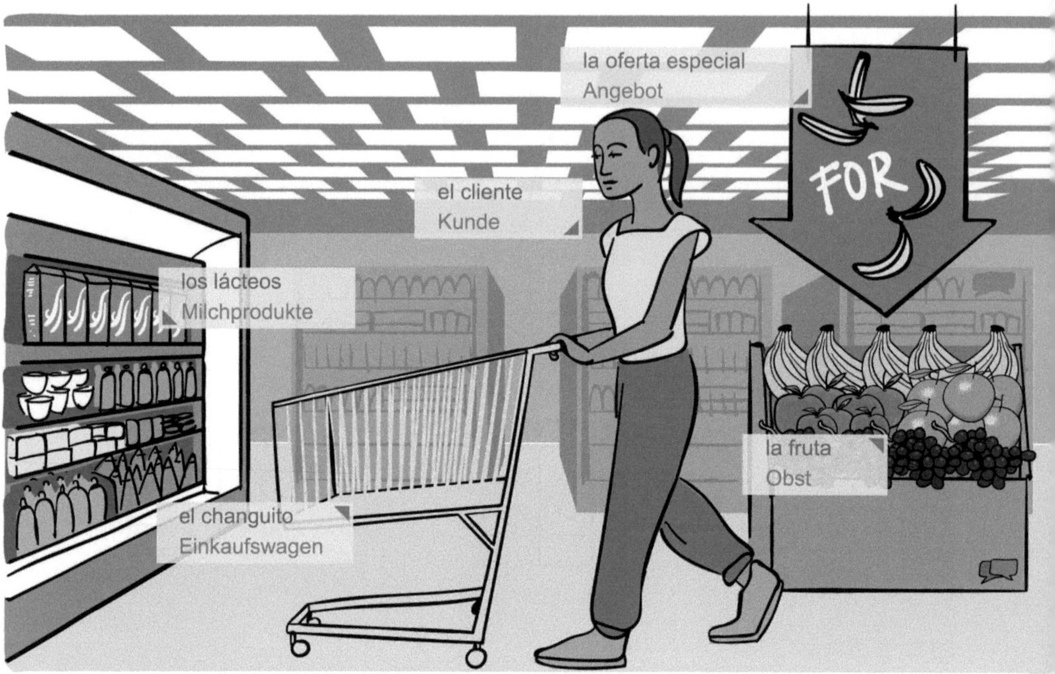

la oferta especial
Angebot
el cliente
Kunde
los lácteos
Milchprodukte
la fruta
Obst
el changuito
Einkaufswagen
FOR

BUTCHERS

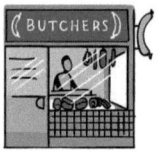

la carnicería

Schlachterei

BAKERY

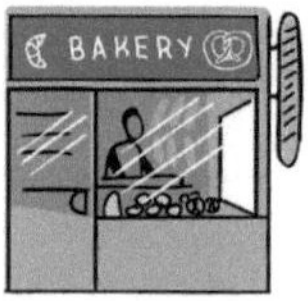

la panadería

Bäckerei

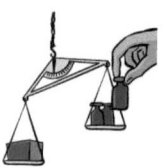

pesar

wiegen

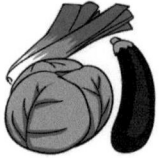

las verduras

Gemüse

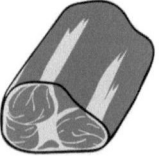

la carne

Fleisch

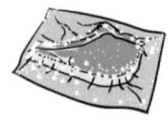

los alimentos congelados

Tiefkühlkost

los fiambres
Aufschnitt

los alimentos enlatados
Konserven

el detergente en polvo
Waschmittel

las golosinas
Süßigkeiten

los electrodomésticos
Haushaltsartikel

los productos de limpieza
Reinigungsmittel

la vendedora
Verkäuferin

la caja
Kassa

el cajero
Kassiererin

la lista de compras
Einkaufsliste

el horario de atención
Öffnungszeiten

la billetera
Brieftasche

la tarjeta de crédito
Kreditkarte

la cartera
Tasche

la bolsa de plástico
Plastiktüte

el agua

Wasser

el jugo

Saft

la leche

Milch

la bebida cola

Cola

el vino

Wein

la cerveza

Bier

el alcohol

Alkohol

el cacao

Kakao

el té

Tee

el café

Kaffee

el café expreso

Espresso

el cappuccino

Cappuccino

la banana

Banane

la manzana

Apfel

la naranja

Orange

el melón

Melone

el limón

Zitrone

la zanahoria

Karotte

el ajo

Knoblauch

el bambú

Bambus

la cebolla

Zwiebel

el champiñón

Pilz

las nueces

Nüsse

los fideos

Nudeln

los tallarines

Spaghetti

el arroz

Reis

la ensalada

Salat

las papas fritas

Pommes frites

las papas fritas

Bratkartoffeln

la pizza

Pizza

la hamburguesa

Hamburger

el sándwich

Sandwich

el churrasco

Schnitzel

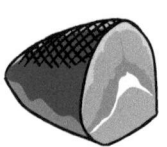

el jamón

Schinken

el salame

Salami

la salchicha

Wurst

el pollo

Huhn

el asado

Braten

el pescado

Fisch

la comida - Essen

los copos de avena
Haferflocken

el muesli
Müsli

los copos de maíz
Cornflakes

la harina
Mehl

la medialuna
Croissant

el pancito
Semmel

el pan
Brot

la tostada
Toast

las galletitas
Kekse

la manteca
Butter

la cuajada
Topfen

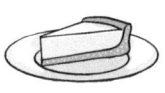

la torta
Kuchen

el huevo
Ei

el huevo frito
Spiegelei

el queso
Käse

el helado

Eiscreme

el azúcar

Zucker

la miel

Honig

la mermelada

Marmelade

la pasta de chocolate

Schokoladenaufstrich

el curry

Curry

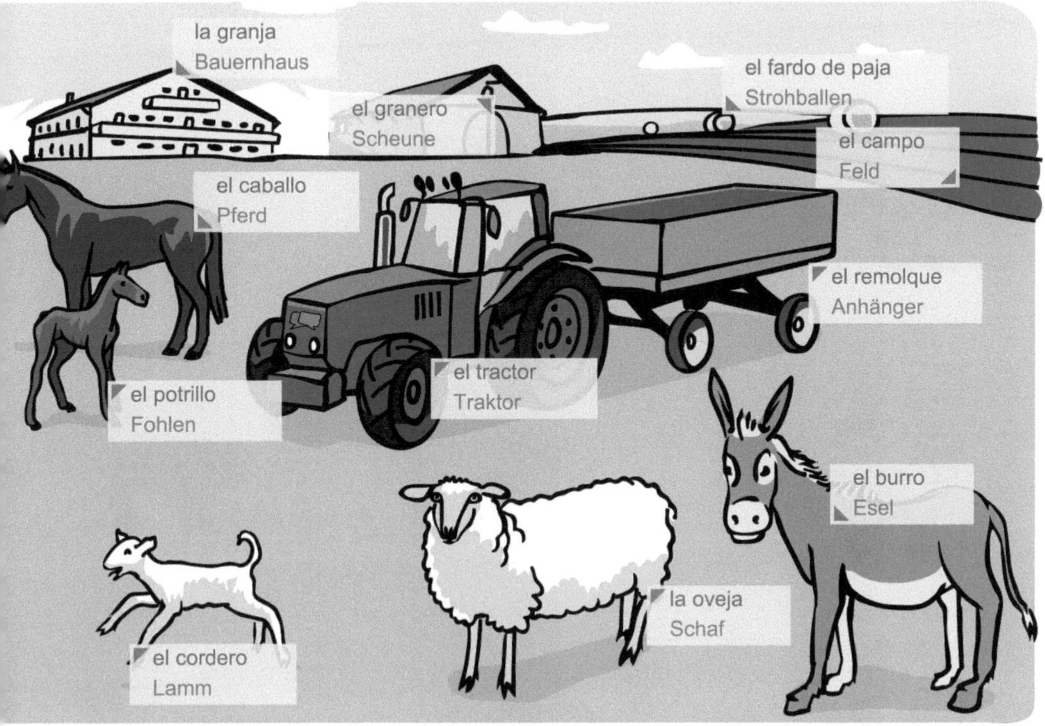

la granja
Bauernhaus

el granero
Scheune

el fardo de paja
Strohballen

el campo
Feld

el caballo
Pferd

el remolque
Anhänger

el potrillo
Fohlen

el tractor
Traktor

el burro
Esel

la oveja
Schaf

el cordero
Lamm

la cabra
Ziege

la vaca
Kuh

el ternero
Kalb

el cerdo
Schwein

el lechón
Ferkel

el toro
Stier

el ganso

Gans

el pato

Ente

el pollo

Küken

la gallina

Huhn

el gallo

Hahn

la rata

Ratte

el gato

Katze

el ratón

Maus

el buey

Ochse

el perro

Hund

la cucha

Hundehütte

la manguera

Gartenschlauch

la regadera

Gießkanne

la guadaña

Sense

el arado

Pflug

la hoz
Sichel

la azada
Hacke

la horquilla
Mistgabel

el hacha
Axt

la carretilla
Schubkarre

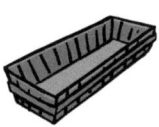

el abrevadero
Trog

la lechera
Milchkanne

la bolsa
Sack

la reja
Zaun

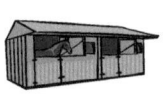

el establo
Stall

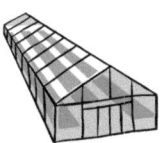

el invernadero
Treibhaus

el suelo
Boden

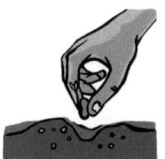

la semilla
Saat

el fertilizador
Dünger

la cosechadora
Mähdrescher

cosechar

ernten

la cosecha

Ernte

las batatas

Yamswurzel

el trigo

Weizen

la soja

Soja

la papa

Erdapfel

el maíz

Mais

la semilla de colza

Raps

el árbol frutal

Obstbaum

la mandioca

Maniok

los cereales

Getreide

la granja - Bauernhof

la chimenea
Schornstein

el techo
Dach

el caño de desagüe
Regenrinne

la ventana
Fenster

el garaje
Garage

el timbre
Klingel

la puerta
Tür

el tacho de basura
Abfallkübel

el buzón
Briefkasten

el jardín
Garten

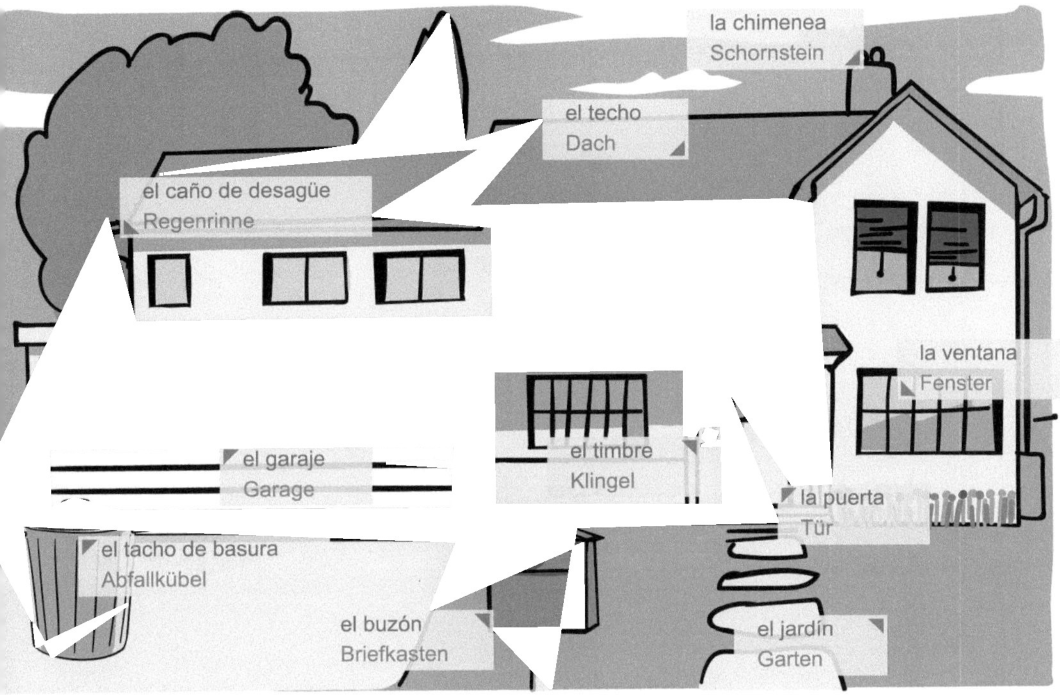

el living

Wohnzimmer

el baño

Badezimmer

la cocina

Küche

el dormitorio

Schlafzimmer

el cuarto de los chicos

Kinderzimmer

el comedor

Esszimmer

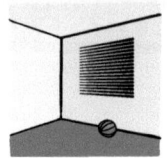

el piso

Boden

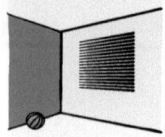

la pared

Wand

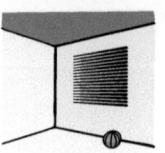

el cielorraso

Decke

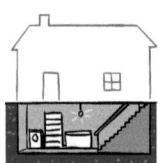

el sótano

Keller

el sauna

Sauna

el balcón

Balkon

la terraza

Terrasse

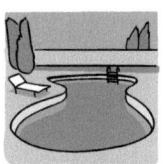

la pileta

Schwimmbad

la cortadora de pasto

Rasenmäher

la sábana

Bettbezug

el acolchado

Bettdecke

la cama

Bett

la escoba

Besen

el balde

Kübel

el interruptor

Schalter

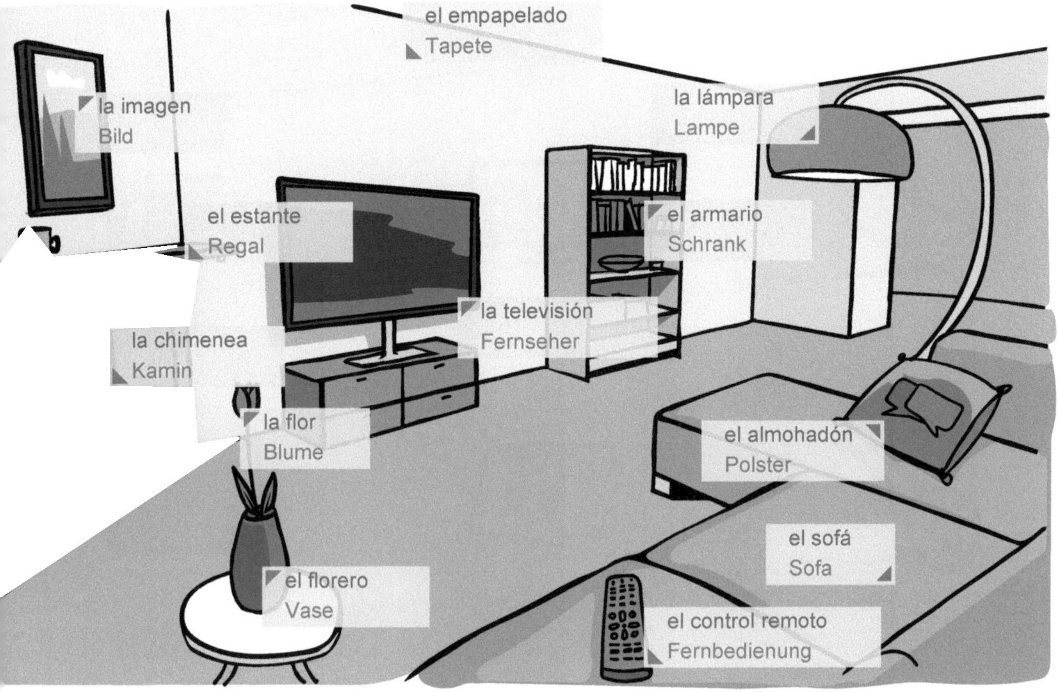

el empapelado
Tapete

la lámpara
Lampe

la imagen
Bild

el estante
Regal

el armario
Schrank

la televisión
Fernseher

la chimenea
Kamin

la flor
Blume

el almohadón
Polster

el sofá
Sofa

el florero
Vase

el control remoto
Fernbedienung

la alfombra
Teppich

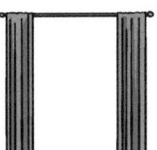

la cortina
Vorhang

la mesa
Tisch

la silla
Sessel

la mecedora
Schaukelstuhl

el sillón
Sessel

el libro

Buch

la frazada

Decke

la decoración

Dekoration

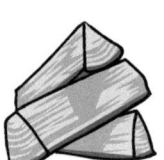

la leña

Feuerholz

la película

Film

el equipo de música

Stereoanlage

la llave

Schlüssel

el diario

Zeitung

la pintura

Gemälde

el póster

Poster

la radio

Radio

el cuaderno

Notizblock

la aspiradora

Staubsauger

el cactus

Kaktus

la vela

Kerze

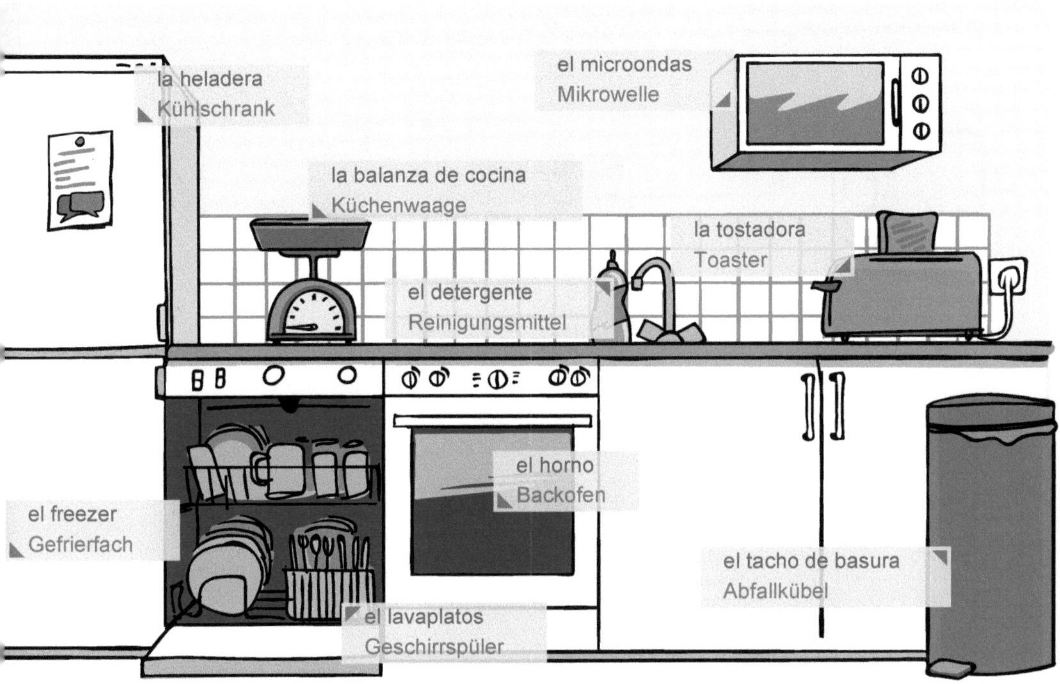

la heladera
Kühlschrank

el microondas
Mikrowelle

la balanza de cocina
Küchenwaage

la tostadora
Toaster

el detergente
Reinigungsmittel

el horno
Backofen

el freezer
Gefrierfach

el tacho de basura
Abfallkübel

el lavaplatos
Geschirrspüler

la cocina

Herd

la olla

Topf

la olla de hierro fundido

Eisentopf

el wok

Wok / Kadai

la sartén

Pfanne

la pava

Wasserkocher

la vaporera

Dampfgarer

la bandeja de horno

Backblech

la vajilla

Geschirr

la taza

Becher

el bol

Schale

los palitos

Essstäbchen

el cucharón

Schöpflöffel

la espátula

Pfannenwender

la batidora

Schneebesen

el colador

Kochsieb

el colador

Sieb

el rallador

Reibe

el mortero

Mörser

la parrilla

Grill

la fogata

Kaminfeuer

la tabla de picar
Schneidebrett

el palo de amasar
Nudelholz

el sacacorchos
Korkenzieher

la lata
Dose

el abrelatas
Dosenöffner

la manopla
Topflappen

la pileta
Waschbecken

el cepillo
Bürste

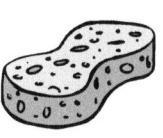

la esponja
Schwamm

la batidora
Mixer

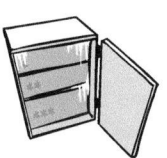

el congelador
Gefriertruhe

la mamadera
Babyflasche

la canilla
Wasserhahn

Badezimmer

la ducha
Dusche

la calefacción
Heizung

la toalla
Handtuch

la cortina de la ducha
Duschvorhang

el baño de espuma
Schaumbad

la bañadera
Badewanne

el vaso
Glas

el lavarropas
Waschmaschine

la canilla
Wasserhahn

las baldosas
Fliesen

la pelela
Nachttopf

la pileta
Waschbecken

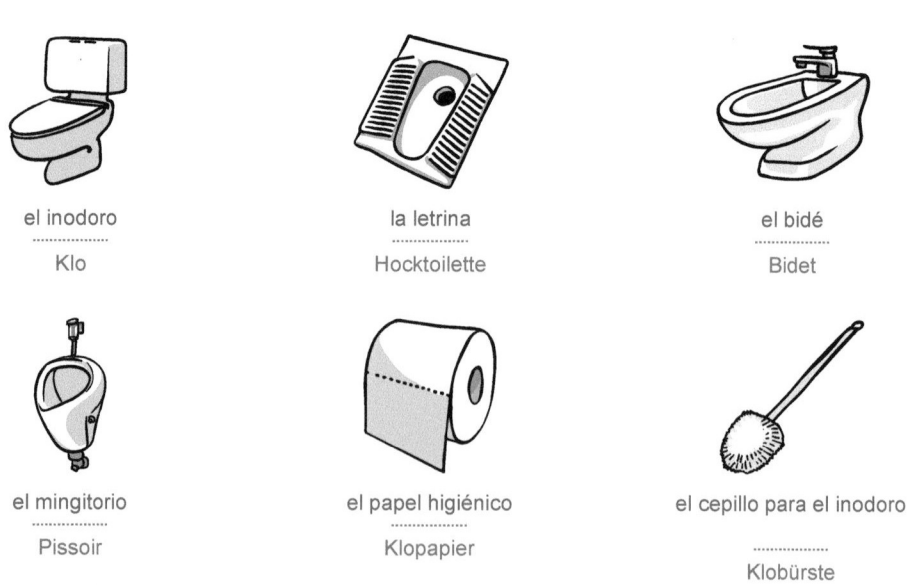

el inodoro	la letrina	el bidé
Klo	Hocktoilette	Bidet

el mingitorio	el papel higiénico	el cepillo para el inodoro
Pissoir	Klopapier	Klobürste

el cepillo de dientes

Zahnbürste

el dentífrico

Zahnpasta

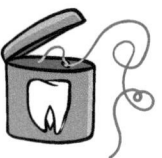

el hilo dental

Zahnseide

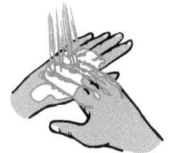

lavar

waschen

la ducha de mano

Handbrause

la ducha higiénica

Intimdusche

la palangana

Waschschüssel

el cepillo para la espalda

Rückenbürste

el jabón

Seife

el gel de ducha

Duschgel

el shampoo

Shampoo

la toallita

Waschlappen

el desagüe

Abfluss

la crema

Creme

el desodorante

Deodorant

el espejo

Spiegel

el espejito

Kosmetikspiegel

la maquinita de afeitar

Rasierer

la espuma de afeitar

Rasierschaum

el aftershave

Rasierwasser

el peine

Kamm

el cepillo

Bürste

el secador de pelo

Föhn

el spray

Haarspray

el maquillaje

Makeup

el lápiz de labios

Lippenstift

el esmalte para uñas

Nagellack

el algodón

Watte

la tijera para uñas

Nagelschere

el perfume

Parfum

el baño - Badezimmer

el portacosméticos

Kulturbeutel

la banqueta

Hocker

la balanza

Waage

la bata

Bademantel

los guantes de goma

Gummihandschuhe

el tampón

Tampon

la toallita femenina

Damenbinde

el baño químico

Chemietoilette

Kinderzimmer

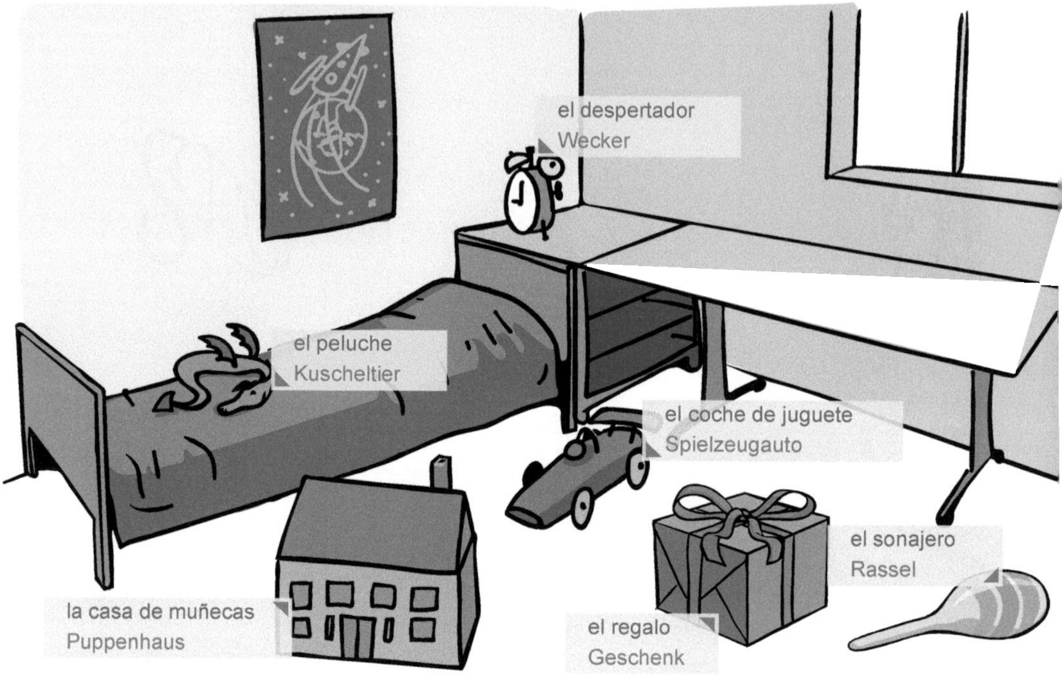
el despertador
Wecker
el peluche
Kuscheltier
el coche de juguete
Spielzeugauto
el sonajero
Rassel
la casa de muñecas
Puppenhaus
el regalo
Geschenk

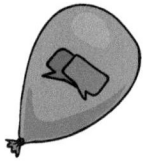

el globo

Ballon

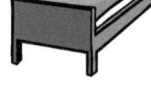

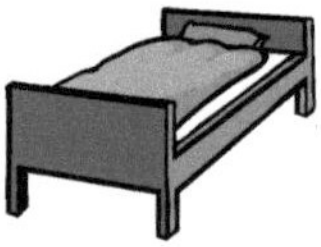

la cama

Bett

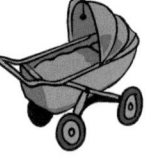

el cochecito

Kinderwagen

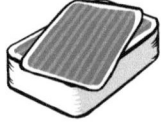

las cartas

Kartenspiel

el rompecabezas

Puzzle

SUPER
MEGA

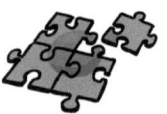

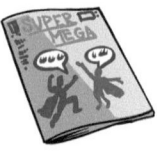

la historieta

Comic

las piezas de lego

Legosteine

los ladrillos de juguete

Bausteine

la figura de acción

Actionfigur

el enterito (de bebé)

Strampelanzug

el frisbee

Frisbee

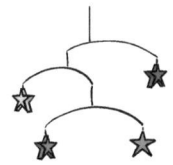

el móvil para bebés

Mobile

el juego de mesa

Brettspiel

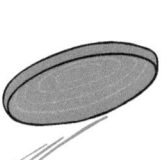

los dados

Würfel

el tren eléctrico

Modelleisenbahn

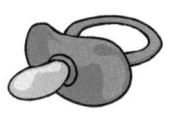

el chupete

Schnuller

la fiesta

Party

el libro de cuentos ilustrado

Bilderbuch

la pelota

Ball

la muñeca

Puppe

jugar

spielen

el arenero

Sandkasten

la hamaca

Schaukel

los juguetes

Spielzeug

la consola de videojuegos

Spielkonsole

el triciclo

Dreirad

el osito de peluche

Teddy

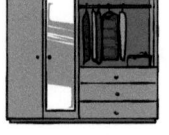

el armario

Kleiderschrank

Kleidung

las medias

Socken

las medias panty

Strümpfe

las calzas

Strumpfhose

la bufanda
Schal

el paraguas
Regenschirm

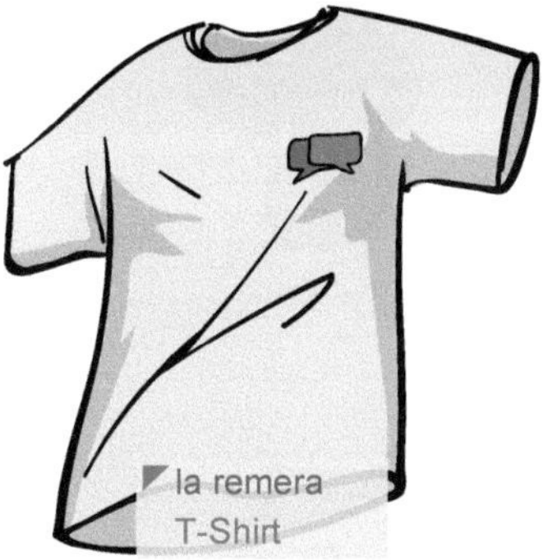

la remera
T-Shirt

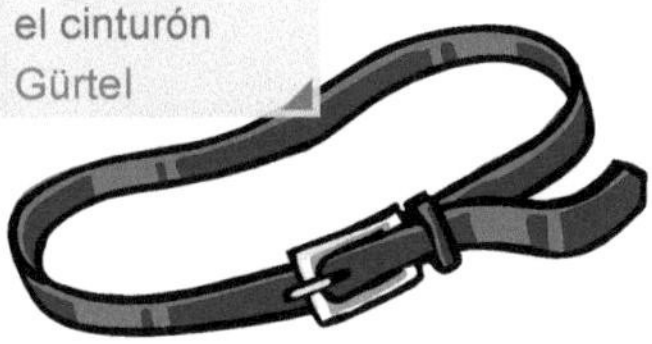

el cinturón
Gürtel

las botas
Stiefel

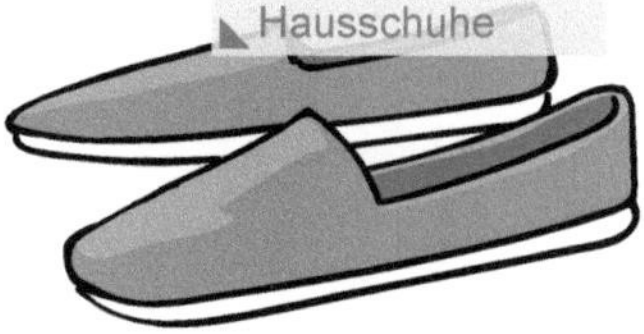

las pantuflas
Hausschuhe

las zapatillas
Turnschuhe

las sandalias
Sandalen

los zapatos
Schuhe

las botas de goma
Gummistiefel

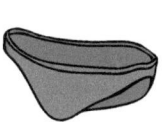

la ropa interior
Unterhose

el corpiño
Büstenhalter

el chaleco
Unterhemd

el body
Body

los pantalones
Hose

los jeans
Jeans

la pollera
Rock

la blusa
Bluse

la camisa
Hemd

el pulóver
Pullover

el buzo
Kapuzenpullover

el blazer
Blazer

la campera
Jacke

el tapado
Mantel

el piloto
Regenmantel

el traje
Kostüm

el vestido
Kleid

el vestido de novia
Hochzeitskleid

el traje

Anzug

el camisón

Nachthemd

el pijama

Pyjama

el sari

Sari

el pañuelo para la cabeza

Kopftuch

el turbante

Turban

la burka

Burka

el caftán

Kaftan

la abaya

Abaya

el traje de baño

Badeanzug

el short de baño

Badehose

los shorts

kurze Hose

el jogging

Jogginganzug

el delantal

Schürze

los guantes

Handschuhe

el botón

Knopf

los anteojos

Brille

la pulsera

Armband

el collar

Halskette

el anillo

Ring

el aro

Ohrring

la gorra

Mütze

la percha

Kleiderbügel

el sombrero

Hut

la corbata

Krawatte

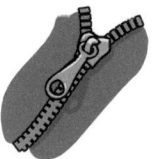

el cierre

Reißverschluss

el casco

Helm

los tiradores

Hosenträger

el uniforme escolar

Schuluniform

el uniforme

Uniform

el babero

Lätzchen

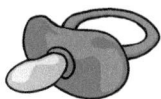

el chupete

Schnuller

el pañal

Windel

Büro

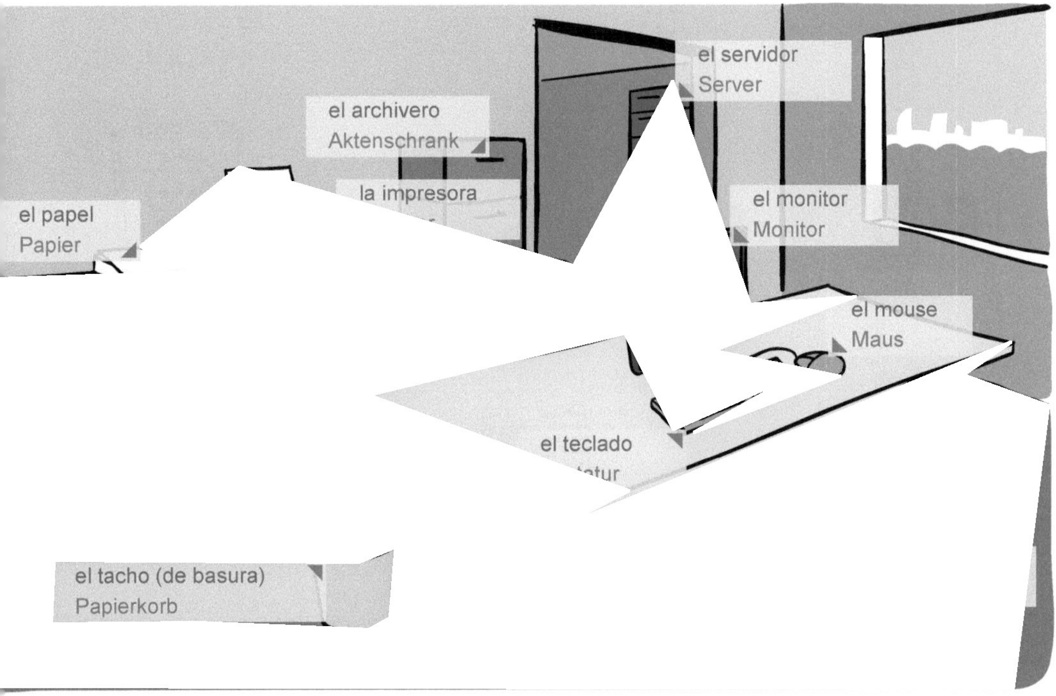

el servidor
Server

el archivero
Aktenschrank

la impresora

el papel
Papier

el monitor
Monitor

el mouse
Maus

el teclado
...tur

el tacho (de basura)
Papierkorb

la taza de café

Kaffeebecher

la calculadora

Taschenrechner

el internet

Internet

la laptop

Laptop

la carta

Brief

el mensaje

Nachricht

el celular

Handy

la red

Netzwerk

la fotocopiadora

Kopierer

el software

Software

el teléfono

Telefon

el tomacorriente

Steckdose

el fax

Fax

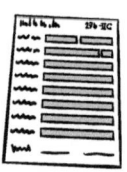

el formulario

Formular

el documento

Dokument

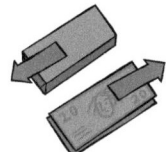

comprar

kaufen

pagar

bezahlen

hacer negocios

handeln

el dinero

Geld

USD

el dólar

Dollar

EUR

el euro

Euro

JPY

el yen

Yen

RUB

el rublo

Rubel

CHF

el franco suizo

Franken

CNY

el yuan

Renminbi Yuan

INR

la rupia

Rupie

el cajero automático

Bankomat

la casa de cambio
....
Wechselstube

el oro
....
Gold

la plata
....
Silber

el petróleo
....
Öl

la energía
....
Energie

el precio
....
Preis

el contrato
....
Vertrag

el impuesto
....
Steuer

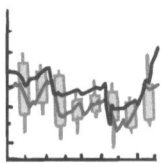

la acción
....
Aktie

trabajar
....
arbeiten

el empleado
....
Angestellte

el empleador
....
Arbeitgeber

la fábrica
....
Fabrik

el negocio
....
Geschäft

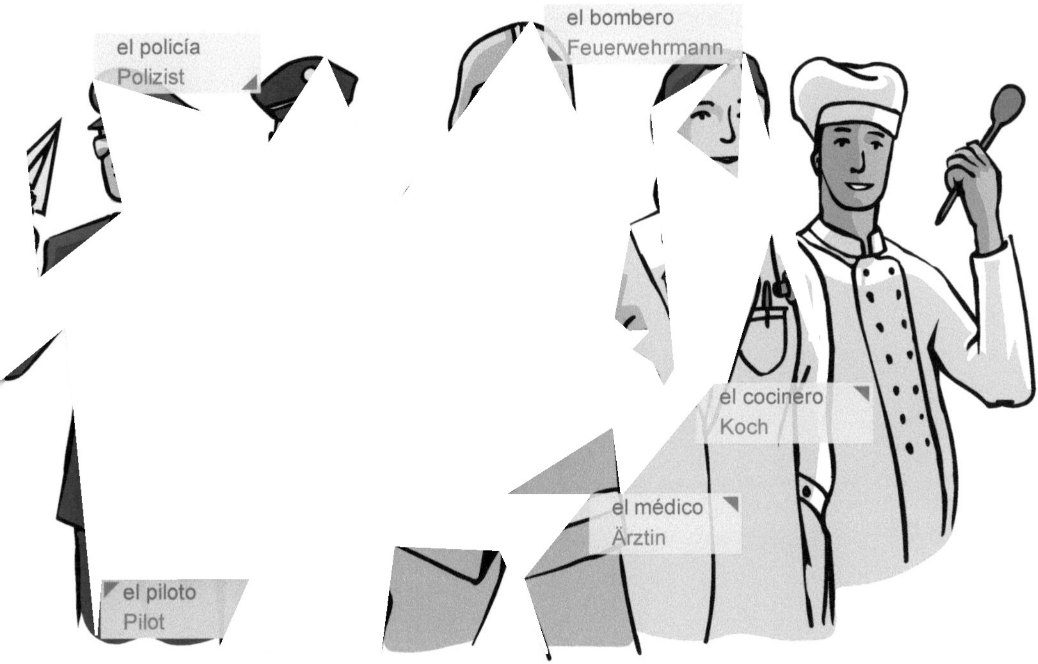

el policía
Polizist

el bombero
Feuerwehrmann

el cocinero
Koch

el médico
Ärztin

el piloto
Pilot

el jardinero

Gärtner

el carpintero

Tischler

la modista

Schneiderin

el juez

Richter

el farmacéutico

Chemikerin

el actor

Schauspieler

el colectivero

Busfahrer

el taxista

Taxifahrer

el pescador

Fischer

la mucama

Putzfrau

el techista

Dachdecker

el mozo

Kellner

el cazador

Jäger

el pintor

Maler

el panadero

Bäcker

el electricista

Elektriker

el albañil

Bauarbeiter

el ingeniero

Ingenieur

el carnicero

Schlachter

el plomero

Installateur

el cartero

Briefträgerin

el soldado

Soldat

el arquitecto

Architekt

el cajero

Kassiererin

el florista

Blumenhändlerin

el peluquero

Friseur

el cobrador

Schaffner

el mecánico

Mechaniker

el capitán

Kapitän

el dentista

Zahnärztin

el científico

Wissenschaftler

el rabino

Rabbi

el imán

Imam

el monje

Mönch

el sacerdote

Pfarrer

Werkzeuge

el martillo
Hammer
la tenaza
Zange
el destornillador
Schraubenzieher
la llave
Schraubenschlüssel
la linterna
Taschenlampe

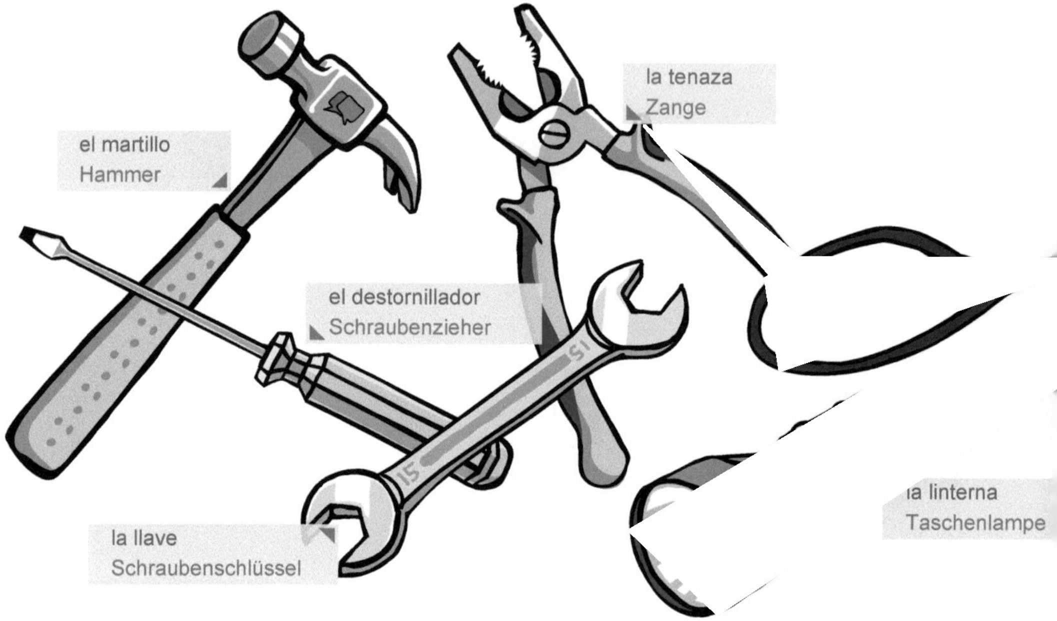

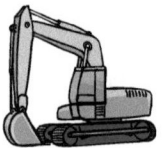

la excavadora

Bagger

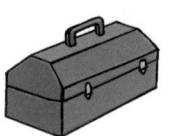

la caja de herramientas

Werkzeugkasten

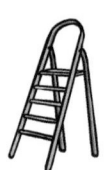

la escalera portátil

Leiter

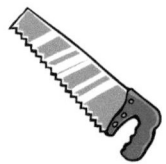

la sierra

Säge

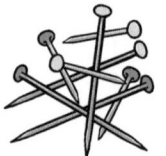

los clavos

Nägel

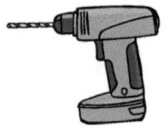

el taladro

Bohrer

arreglar

reparieren

la pala de jardín

Schaufel

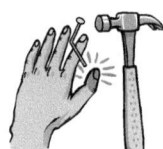

¡Qué bronca!

Scheiße!

la pala de plástico

Kehrschaufel

el tacho de pintura

Farbtopf

los tornillos

Schrauben

Musikinstrumente

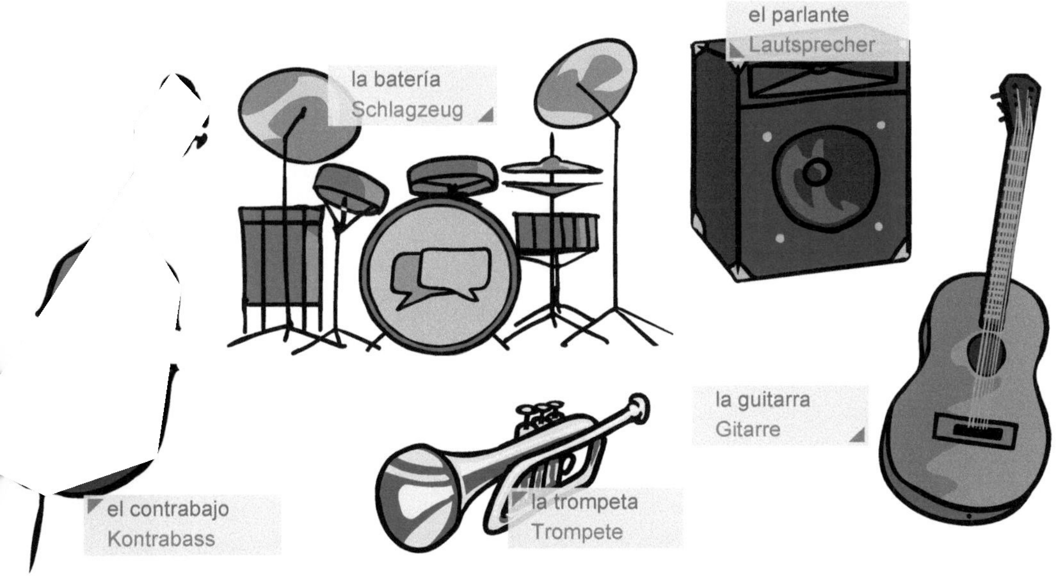

la batería
Schlagzeug

el parlante
Lautsprecher

la guitarra
Gitarre

el contrabajo
Kontrabass

la trompeta
Trompete

el piano

Klavier

el violín

Violine

el bajo

Bass

los timbales

Pauke

el tambor

Trommeln

el teclado

Tastatur

el saxofón

Saxophon

la flauta

Flöte

el micrófono

Mikrofon

la entrada
Eingang

la jaula
Käfig

la cebra
Zebra

el alimento para animales
Tierfutter

el oso panda
Panda

los animales

Tiere

el elefante

Elefant

el canguro

Känguru

el rinoceronte

Nashorn

el gorila

Gorilla

el oso

Bär

el camello
Kamel

el avestruz
Strauß

el león
Löwe

el mono
Affe

el flamenco
Flamingo

el loro
Papagei

el oso polar
Eisbär

el pingüino
Pinguin

el tiburón
Hai

el pavo real
Pfau

la serpiente
Schlange

el cocodrilo
Krokodil

el cuidador del zoológico
Zoowärter

la foca
Robbe

el jaguar
Jaguar

el poni

Pony

el leopardo

Leopard

el hipopótamo

Nilpferd

la jirafa

Giraffe

el águila

Adler

el jabalí

Wildschwein

el pescado

Fisch

la tortuga

Schildkröte

la morsa

Walross

el zorro

Fuchs

la gacela

Gazelle

el fútbol americano
American Football

el ciclismo
Radfahren

el tenis
Tennis

el básquet
Basketball

la natación
Schwimmen

el boxeo
Boxen

el hockey sobre hielo
Eishockey

el fútbol
Fußball

el bádminton
Badminton

el atletismo
Leichtathletik

el handball
Handball

el esquí
Skifahren

el polo
Polo

Aktivitäten

reír
lachen
saltar
springen
abrazar
umarmen
caminar
gehen
cantar
singen
soñar
träumen
rezar
beten
besar
küssen

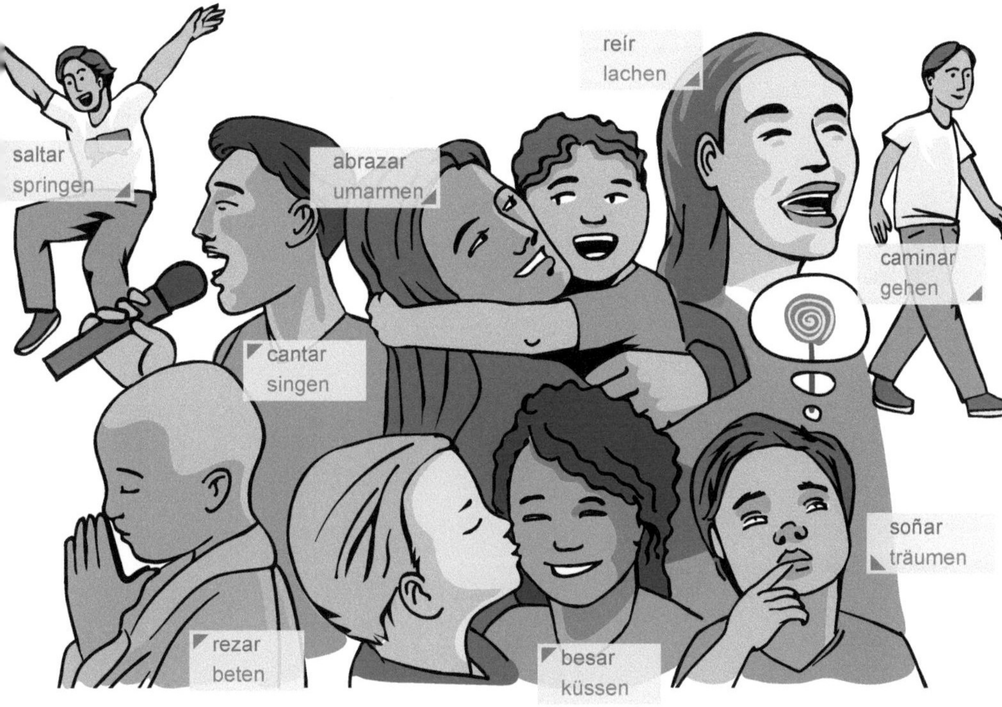

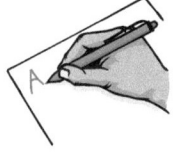

escribir

schreiben

dibujar

zeichnen

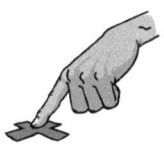

mostrar

zeigen

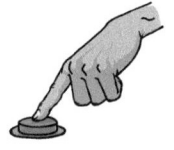

presionar

drücken

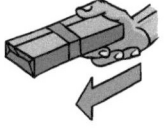

dar

geben

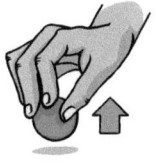

tomar

nehmen

tener

haben

hacer

machen

ser

sein

estar parado

stehen

correr

laufen

tirar

ziehen

tirar

werfen

caer

fallen

estar acostado

liegen

esperar

warten

llevar

tragen

estar sentado

sitzen

vestirse

anziehen

dormir

schlafen

despertar

aufwachen

mirar

ansehen

llorar

weinen

acariciar

streicheln

peinar

frisieren

hablar

reden

entender

verstehen

preguntar

fragen

escuchar

hören

beber

trinken

comer

essen

ordenar

zusammenräumen

amar

lieben

cocinar

kochen

manejar

fahren

volar

fliegen

navegar

segeln

calcular

rechnen

leer

lesen

aprender

lernen

trabajar

arbeiten

casarse

heiraten

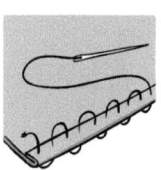

coser

nähen

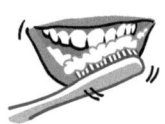

cepillarse los dientes

Zähne putzen

matar

töten

fumar

rauchen

enviar

senden

la abuela
Großmutter

el abuelo
Großvater

el padre
Vater

la madre
Mutter

el bebé
Baby

la hija
Tochter

el hijo
Sohn

el invitado

Gast

la tía

Tante

el tío

Onkel

el hermano

Bruder

la hermana

Schwester

la familia - Familie

Körper

la frente
Stirn
el ojo
Auge
el hombro
Schulter
el dedo
Finger
la cara
Gesicht
la pera
Kinn
la mano
Hand
la pierna
Bein
el pecho
Brust
el brazo
Arm

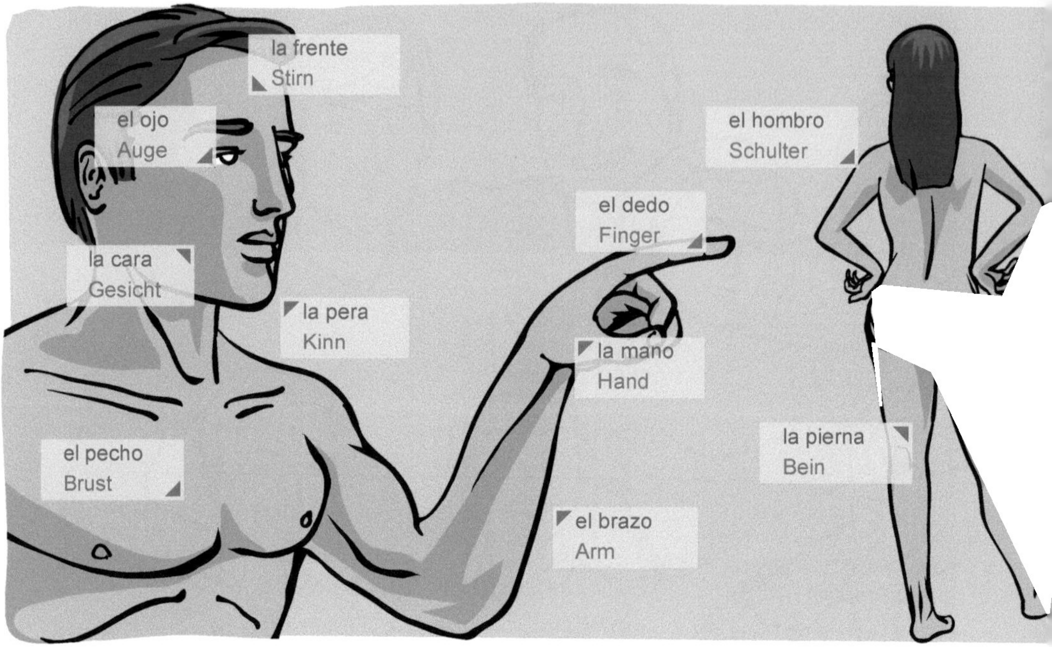

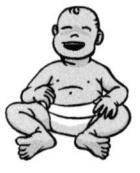

el bebé

Baby

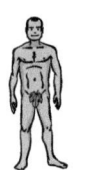

el hombre

Mann

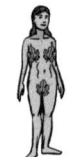

la mujer

Frau

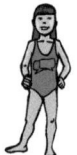

la nena

Mädchen

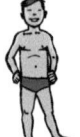

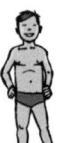

el nene

Junge

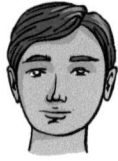

la cabeza

Kopf

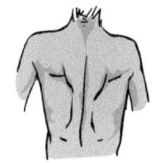

la espalda

Rücken

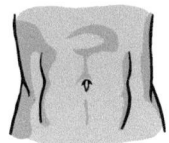

la panza

Bauch

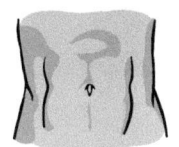

el ombligo

Nabel

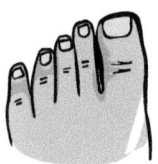

el dedo del pie

Zeh

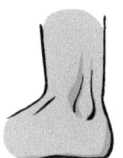

el talón

Ferse

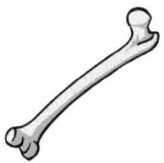

el hueso

Knochen

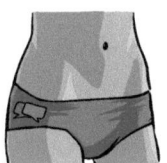

la cadera

Hüfte

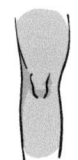

la rodilla

Knie

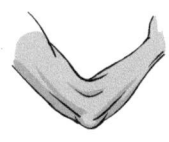

el codo

Ellbogen

la nariz

Nase

la cola

Gesäß

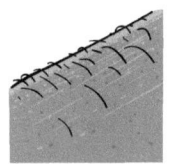

la piel

Haut

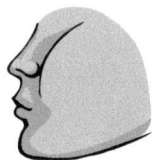

el cachete

Wange

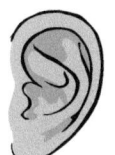

la oreja

Ohr

el labio

Lippe

la boca

Mund

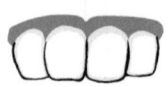

el diente

Zahn

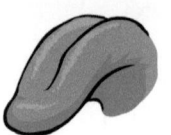

la lengua

Zunge

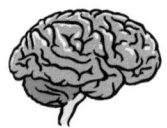

el cerebro

Gehirn

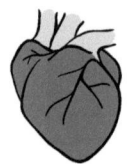

el corazón

Herz

el músculo

Muskel

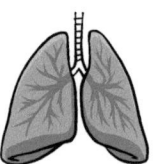

el pulmón

Lunge

el hígado

Leber

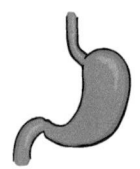

el estómago

Magen

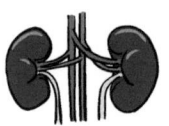

los riñones

Nieren

el sexo

Geschlechtsverkehr

el preservativo

Kondom

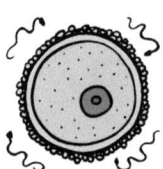

el óvulo

Eizelle

el semen

Sperma

el embarazo

Schwangerschaft

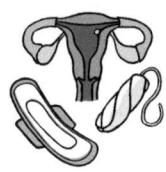

la menstruación

Menstruation

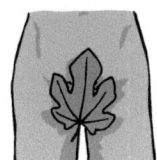

la vagina

Vagina

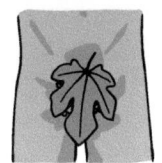

el pene

Penis

la ceja

Augenbraue

el pelo

Haar

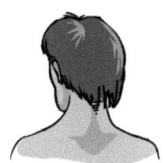

el cuello

Hals

Spital

el hospital
Spital
la ambulancia
Rettung
la silla de ruedas
Rollstuhl
la fractura
Bruch

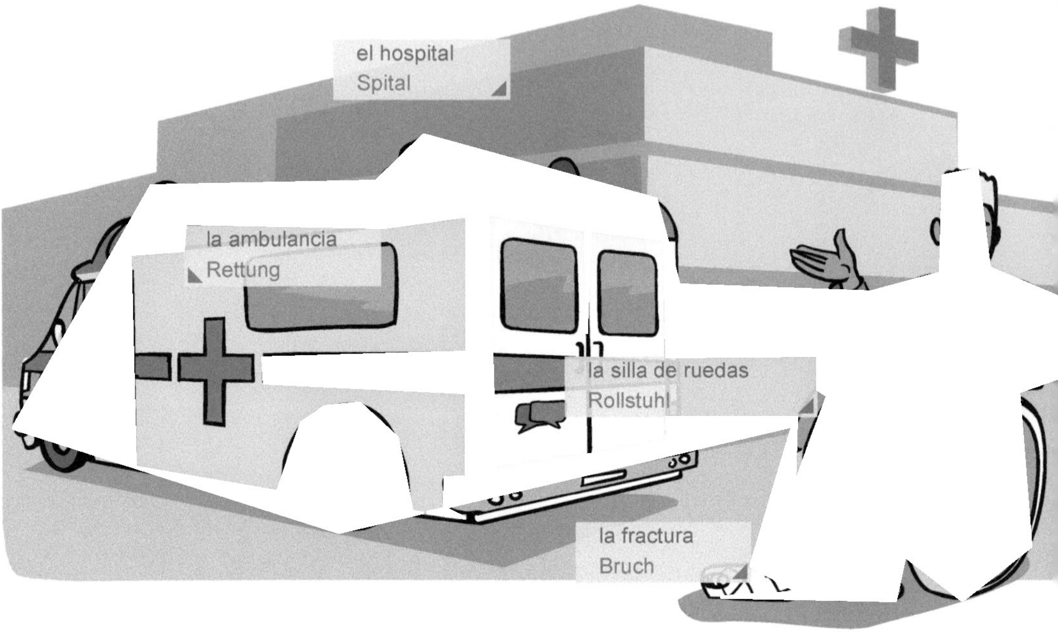

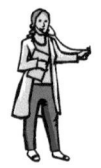

el médico

Ärztin

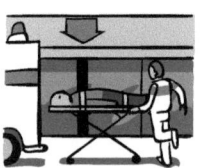

la sala de guardia

Notaufnahme

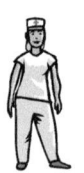

la enfermera

Krankenschwester

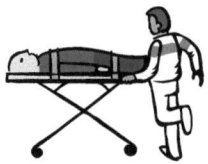

la emergencia

Notfall

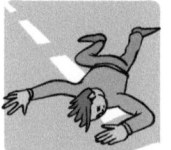

inconsciente

ohnmächtig

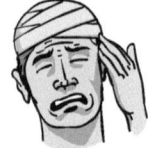

el dolor

Schmerz

la lesión

Verletzung

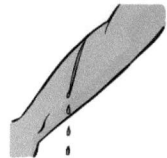

la hemorragia

Blutung

el infarto

Herzinfarkt

el ACV

Schlaganfall

la alergia

Allergie

la tos

Husten

la fiebre

Fieber

la gripe

Grippe

la diarrea

Durchfall

el dolor de cabeza

Kopfschmerzen

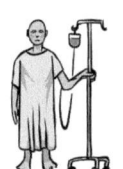

el cáncer

Krebs

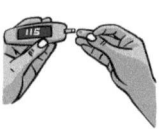

la diabetes

Diabetes

el cirujano

Chirurg

el bisturí

Skalpell

la operación

Operation

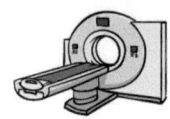

la TC
CT

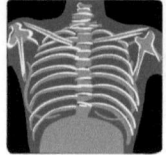

los rayos x
Röntgen

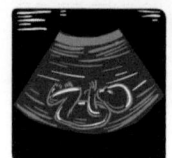

la ecografía
Ultraschall

el barbijo
Maske

la enfermedad
Krankheit

la sala de espera
Wartezimmer

la muleta
Krücke

la curita
Pflaster

la venda
Verband

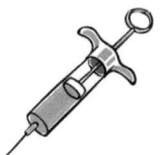

la inyección
Injektion

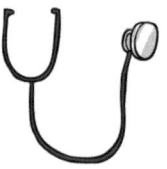

el estetoscopio
Stethoskop

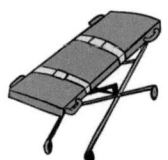

la camilla
Trage

el termómetro
Thermometer

el nacimiento
Geburt

el sobrepeso
Übergewicht

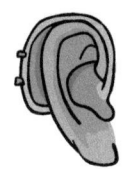

el audífono

Hörgerät

el desinfectante

Desinfektionsmittel

la infección

Infektion

el virus

Virus

el VIH / SIDA

HIV / AIDS

el remedio

Medizin

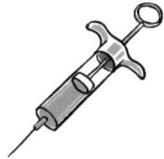

la vacunación

Impfung

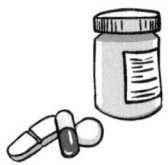

los comprimidos

Tabletten

la pastilla anticonceptiva

Pille

la llamada de emergencia

Notruf

el tensiómetro

Blutdruckmesser

enfermo / sano

krank / gesund

¡Ayuda!

Hilfe!

la alarma

Alarm

la agresión

Überfall

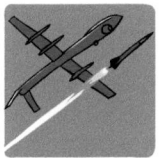

el ataque

Angriff

el peligro

Gefahr

la salida de emergencia

Notausgang

¡Fuego!

Feuer!

el matafuego

Feuerlöscher

el accidente

Unfall

el botiquín de primeros
auxilios

Erste-Hilfe-Koffer

el SOS

SOS

la policía

Polizei

Europa	América del Norte	América del Sur
Europa	Nordamerika	Südamerika

África	Asia	Australia
Afrika	Asien	Australien
	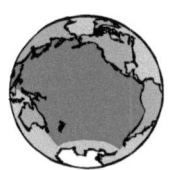	
el Atlántico	el Pacífico	el Océano Índico
Atlantik	Pazifik	Indische Ozean

el Océano Antártico	el Océano Ártico	el polo norte
Antarktische Ozean	Arktische Ozean	Nordpol

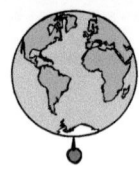

el polo sur

Südpol

la Antártida

Antarktis

la Tierra

Erde

la tierra

Land

el mar

Meer

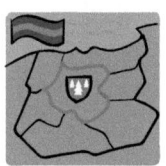

la isla

Insel

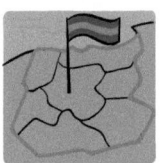

la nación

Nation

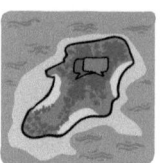

el estado

Staat

la esfera

Ziffernblatt

la manecilla de las horas

Stundenzeiger

el minutero

Minutenzeiger

el segundero

Sekundenzeiger

¿Qué hora es?

Wie spät ist es?

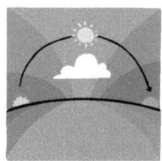

el día

Tag

la hora

Zeit

ahora

jetzt

el reloj digital

Digitaluhr

el minuto

Minute

la hora

Stunde

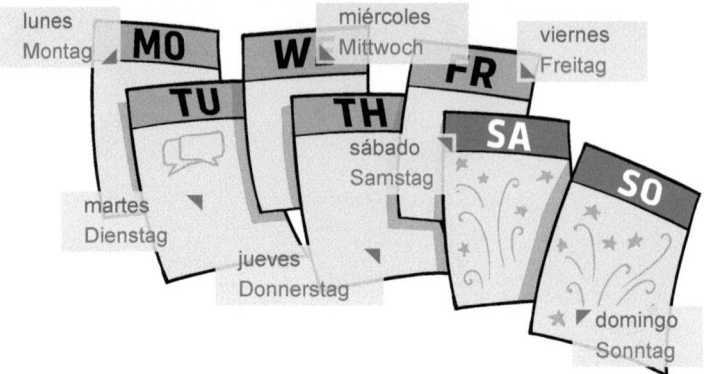

lunes
Montag

miércoles
Mittwoch

viernes
Freitag

martes
Dienstag

sábado
Samstag

jueves
Donnerstag

domingo
Sonntag

ayer

gestern

hoy

heute

mañana

morgen

la mañana

Morgen

el mediodía

Mittag

la tarde

Abend

los días hábiles

Arbeitstage

el fin de semana

Wochenende

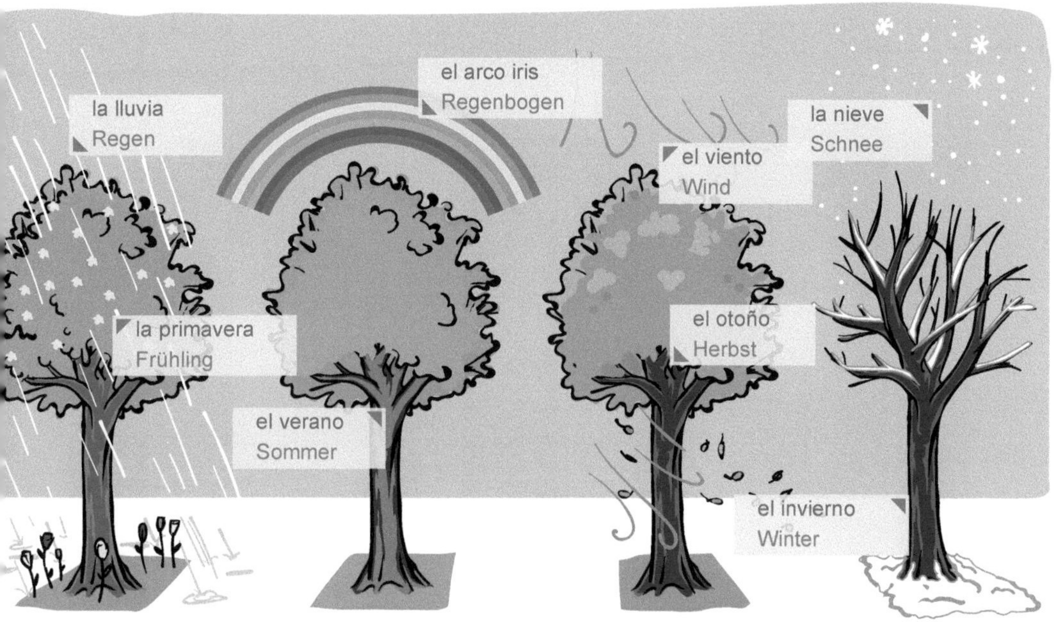

la lluvia
Regen
el arco iris
Regenbogen
la nieve
Schnee
el viento
Wind
la primavera
Frühling
el otoño
Herbst
el verano
Sommer
el invierno
Winter

4.APRIL 11°
5.APRIL 4°
6.APRIL 13°
7.APRIL 8°
8.APRIL 10°

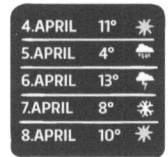

pronóstico meteorológico

Wettervorhersage

F C
120 40
90 30
60 20
30 10
0 0
-30 -10
-20

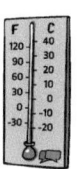

el termómetro

Thermometer

la luz del sol

Sonnenschein

la nube

Wolke

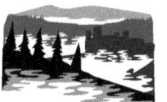

la niebla

Nebel

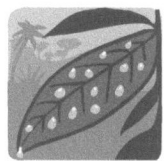

la humedad

Luftfeuchtigkeit

el rayo

Blitz

el trueno

Donner

la tormenta

Sturm

el granizo

Hagel

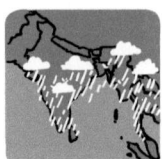

el monzón

Monsun

la inundación

Flut

el hielo

Eis

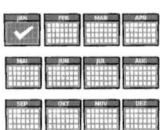

enero

Jänner

febrero

Februar

marzo

März

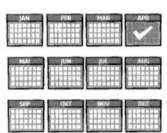

abril

April

mayo

Mai

junio

Juni

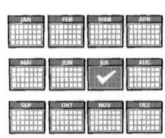

julio

Juli

agosto

August

el año - Jahr

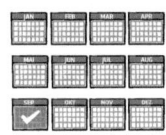

septiembre
....
September

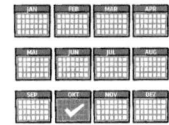

octubre
....
Oktober

noviembre
....
November

diciembre
....
Dezember

el círculo
....
Kreis

el cuadrado
....
Quadrat

el rectángulo
....
Rechteck

el triángulo
....
Dreieck

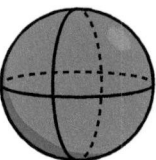

la esfera
....
Kugel

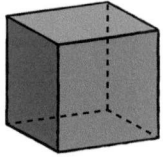

el cubo
....
Würfel

blanco

weiß

amarillo

gelb

naranja

orange

rosa

pink

rojo

rot

violeta

lila

azul

blau

verde

grün

marrón

braun

gris

grau

negro

schwarz

mucho / poco

viel / wenig

enojado / tranquilo

wütend / friedlich

lindo / feo

hübsch / hässlich

el principio / el fin

Anfang / Ende

grande / chico

groß / klein

claro / oscuro

hell / dunkel

el hermano / la hermana

Bruder / Schwester

limpio / sucio

sauber / schmutzig

completo / incompleto

vollständig / unvollständig

el día / la noche

Tag / Nacht

muerto / vivo

tot / lebendig

ancho / angosto

breit / schmal

comestible / no comestible

....

genießbar / ungenießbar

malo / amable

....

böse / freundlich

entusiasmado / aburrido

....

aufgeregt / gelangweilt

gordo / flaco

....

dick / dünn

primero / último

....

zuerst / zuletzt

el amigo / el enemigo

....

Freund / Feind

lleno / vacío

....

voll / leer

duro / blando

....

hart / weich

pesado / liviano

....

schwer / leicht

el hambre / la sed

....

Hunger / Durst

enfermo / sano

....

krank / gesund

ilegal / legal

....

illegal / legal

inteligente / estúpido

....

gescheit / dumm

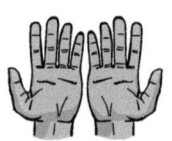

izquierda / derecha

....

links / rechts

cerca / lejos

....

nah / fern

nuevo / usado
....
neu / gebraucht

nada / algo
....
nichts / etwas

viejo / joven
....
alt / jung

encendido / apagado
....
an / aus

abierto / cerrado
....
offen / geschlossen

silencioso / ruidoso
....
leise / laut

rico / pobre
....
reich / arm

correcto / incorrecto
....
richtig / falsch

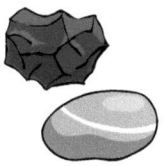

áspero / suave
....
rau / glatt

triste / contento
....
traurig / glücklich

corto / largo
....
kurz / lang

lento / rápido
....
langsam / schnell

mojado / seco
....
nass / trocken

caliente / frío
....
warm / kühl

guerra / paz
....
Krieg / Frieden

0

cero

null

1

uno

eins

2

dos

zwei

3

tres

drei

4

cuatro

vier

5

cinco

fünf

6

seis

sechs

7

siete

sieben

8

ocho

acht

9

nueve

neun

10

diez

zehn

11

once

elf

12

doce

zwölf

13

trece

dreizehn

14

catorce

vierzehn

15

quince

fünfzehn

16

dieciséis

sechzehn

17

diecisiete

siebzehn

18

dieciocho

achtzehn

19

diecinueve

neunzehn

20

veinte

zwanzig

100

cien

hundert

1.000

mil

tausend

1.000.000

el millón

Million

el inglés

Englisch

el inglés americano

Amerikanisches Englisch

el chino mandarín

Chinesisch (Mandarin)

el hindi

Hindi

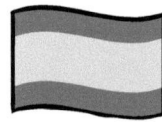

el español

Spanisch

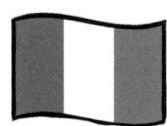

el francés

Französisch

el árabe

Arabisch

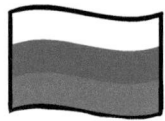

el ruso

Russisch

el portugués

Portugiesisch

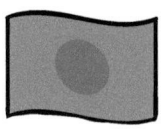

el bengalí

Bengalisch

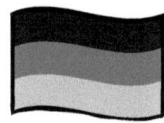

el alemán

Deutsch

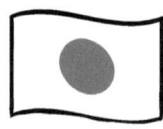

el japonés

Japanisch

yo
ich

vos
du

él / ella
er / sie / es

nosotros
wir

ustedes
ihr

ellos
sie

¿quién?
Wer?

¿qué?
Was?

¿cómo?
Wie?

¿dónde?
Wo?

¿cuándo?
Wann?

el nombre
Name

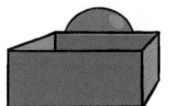

detrás

hinter

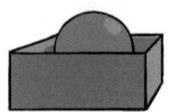

en

in

adelante de

vor

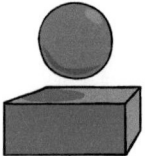

por encima de

über

sobre

auf

debajo de

unter

al lado de

neben

entre

zwischen

el lugar

Ort